AF312154

Paul **VERLAINE**

BIBLIO-SONNETS

POÈMES INÉDITS

ILLUSTRATIONS DE RICHARD RANFT

PARIS

H. FLOURY, ÉDITEUR

1, Boulevard des Capucines

1913

BIBLIO-SONNETS

Paul **VERLAINE**

BIBLIO-SONNETS

POÈMES INÉDITS

ILLUSTRATIONS DE RICHARD RANFT

PARIS

H. FLOURY, ÉDITEUR

1, Boulevard des Capucines

1913

Il semble qu'une destinée tragique poursuive ces poèmes. Verlaine, à qui Pierre Dauze les avait commandés, est mort avant de les achever. Et Pierre Dauze, qui avait entrepris de les éditer, est mort, lui aussi, avant que l'édition ne fût prête.

Nous la faisons paraître aujourd'hui : ces lettres de Verlaine et ces sonnets sont donc les dernières lignes et les derniers vers qu'il ait écrits. La mélancolie qui se dégage de cette pensée ajoute à la grâce malicieuse, ironique et savante de ces poèmes.

Il convenait, en outre, que Pierre Dauze mourût en préparant la publication de cet ouvrage. Un bibliophile tel que lui devait être frappé en songeant au Livre, comme il convient qu'un soldat meure sur un champ de bataille. Dans l'art et la science du Livre mon ami Pierre Dauze eut du génie. Il assurait aux œuvres qu'il préférait des éditions royales et magnifiques. Et c'est une émouvante fatalité que la mort l'ait emporté tandis qu'il allait faire paraître un Livre à la gloire du Livre.

ADRIEN BERTRAND.

PRÉFACE

Nous reproduisons ces notes écrites hâtivement par Pierre Dauze quelques heures après la mort de Verlaine, et qui étaient le projet de la Préface qu'il comptait écrire.

11 janvier 1896. — Verlaine est mort hier soir à 7 heures. Je l'ai appris ce matin en montant en voiture, au moment où j'allais me rendre chez lui, 39, rue Descartes, derrière le Panthéon.

J'avais en effet reçu la veille quelques mots de sa maîtresse, Mademoiselle Krantz, m'avisant que Verlaine était fort souffrant et qu'il désirait me voir.

Verlaine a succombé à une affection pulmonaire. C'est Catulle Mendès qui a pris soin de ses funérailles, ainsi que Vanier, son éditeur habituel.

Le poète n'avait pour ce dernier qu'une estime très mitigée. Il se considérait comme un peu exploité ; mais il est bien difficile de se prononcer, car lui-même était tellement irrégulier dans la livraison de son travail qu'il est délicat de juger lequel exploitait l'autre.

Mes propres rapports avec Verlaine ne remontaient pas à bien loin. Nous avions fait connaissance tout simplement chez un bouquiniste du quai Saint-Michel, Chacornac, où le poète allait de temps en temps laver quelques bouquins plus ou moins dédicacés que lui offraient ses admirateurs.

Je demandai à Verlaine s'il voulait se charger de m'écrire un certain nombre de sonnets sur des sujets ayant trait à la Bibliophilie, et forcément un peu prosaïques. L'idée lui plut, et il accepta sur le champ. Le prix fut fixé tout de suite par lui, pas bien cher, payable dès réception.

Le nombre de ces sonnets avait été fixé à vingt-quatre. Tous les huit jours j'en esquissais le canevas et en retour le poète m'envoyait régulièrement deux sonnets. J'en avais seulement quatorze, quand la maladie arrêta Verlaine dans la dernière semaine de décembre. C'est donc sans aucun doute sa dernière production poétique.

Il travaillait alors à un grand drame en vers. « Louis XVII », dont il parlait avec enthousiasme, et que la mort a laissé inachevé.

J'ai eu occasion de lui rendre visite, à diverses reprises, à propos de ces sonnets. Il habitait un petit logement, au troisième étage, de trois pièces, une sur le devant. une autre sur le derrière et une toute petite cuisine où l'escalier donnait directement accès. Cela n'était pas luxueux — loin de là, — mais propre et bien entretenu, clair et plutôt gai. Verlaine, en grand enfant qu'il était resté, s'était amusé à dorer quelques meubles, et notamment des chaises. Je me souviens, à ma première visite, en avoir emporté un souvenir,

sous la forme d'une empreinte dorée sur le dos
de mon vêtement, que j'eus assez de peine à faire
disparaître. C'est peut-être une des rares fois où
on ait rapporté de l'or de chez un poète, — qui
surtout en avait si peu.

Une autre fois, j'assistai à son déjeuner, que je
refusai de partager ; mais nous bavardâmes copieu-
sement ; et Verlaine, qui avait généralement peu
d'appétit, distrait, absorba assez facilement son
modeste menu.

Il habitait avec sa maîtresse, Mademoiselle
Krantz, une bonne fille, aux gros traits, assez
commune, mais qui me parut douée d'un bon
caractère, sincèrement attachée à Verlaine, bien
que des bruits contraires se soient fait jour
ensuite.

Ces modestes racontars n'offrent, évidemment,
qu'un intérêt tout relatif, mais ils ont le mérite
d'avoir été écrits sur le vif, et rien de ce qui
concerne Verlaine ne saurait être indiffférent à
ceux qui prennent intérêt à son œuvre.

Pierre Dauze.

Monsieur Pierre DAUZE

Paris, le 12 octobre 1895.

CHER MONSIEUR,

Voici le Sonnet en question. Un louis, n'est-ce pas, que je vous serais obligé de me faire tenir le plus tôt possible.

Pour le moment, ma santé me retient à la maison ; mais, comme j'y suis presque toujours,

2

écrivez-moi un jour d'avance et je vous attendrai.

Voulez-vous des notes sur les poésies de Rimbaud ?

A bientôt, et j'espère que nous nous entendrons pour la dite série.

Agréez, cher Monsieur, l'assurance de mes meilleurs sentiments.

P. VERLAINE.

39, rue Descartes.

Paris, 15 octobre 1895.

CHER MONSIEUR,

Ainsi qu'il est convenu, je vous attendrai demain, mercredi matin, et vous verrai avec le plus grand plaisir.

Nous agiterons, j'espère pour nous entendre, le projet en question.

A demain donc et bien cordialement à vous.

P. VERLAINE.

39, rue Descartes.

Paris, le 17 octobre 1893.

CHER MONSIEUR,

*Je viens vous confirmer notre entretien d'hier
matin.*

*Il est convenu que je vous livrerai un certain
nombre de sonnets ayant trait au Livre. Nous
fixerons d'un commun accord le nombre de ces
sonnets qui, après avoir été publiés dans la Revue
Biblio-iconographique, seront ensuite réunis pour
former une plaquette tirée à petit nombre.*

*Il est convenu que chacun de ces sonnets me
sera payé dix francs sur remise.*

*Quelques exemplaires du livre tiré à part à vos
frais seront votre propriété, ainsi que le manuscrit.*

*Veuillez agréer, cher Monsieur, l'assurance de
mes meilleurs sentiments.*

P. VERLAINE.

39, rue Descartes.

Paris, 22 octobre 1895.

CHER MONSIEUR,

Ci-joint le 1ᵉʳ Sonnet d'après nos conventions.
Il fait suite au 1ᵉʳ, comme voyez, sous le titre :
Bibliomanie. Je pense que celui qui suivra s'in-
titulera Bibliotaphie (!). Ensuite viendront un peu
au hasard de l'inspiration, du rhythme, etc., les
autres. Épreuves si possible !

Accusez-moi réception motivée du présent et
croyez à ma toute cordialité.

P. VERLAINE.

39, rue Descartes.

Le 24 octobre 1895.

CHER MONSIEUR,

Allons-y donc de Reliomanie ! A ce compte le
sonnet « liminaire » s'appellerait Reliophilie ?
Le champ en effet est vaste et des plus vraiment
amusants. Dites moi combien il vous faut de sonnets
en moyenne par mois ? J'ai égaré la Revue ; envoyez-

la moi). Je ne sais quand ça paraît, ni « combien de fois ».

Les fonds? Envoyez par simple mandat. N'est ce pas? C'est le plus court. Dès ceci reçu, si possible.

Et à bientôt, j'espère, le plaisir de vous voir.

Tout à vous.

P. VERLAINE.

39, rue Descartes.

Le 29 octobre 1895.

CHER MONSIEUR,

Je reçois à l'instant le Répertoire des ventes *avec mon sonnet dedans, « Bibliophile », qui a été payé.*

Mais mon sonnet « Biblio » ou plutôt « Relio-manie » ne l'est pas, car je ne crois pas que le louis payé pour le Ier sonnet compte pour le deuxième.

Comme vous le disait ma lettre, je pense que le meilleur mode d'envoi est le mandat pur et simple.

Je vous enverrai bientôt un sonnet.

A bientôt et mes meilleurs shakehand.

P. VERLAINE.

39, rue Descartes.

Paris, le 31 octobre 1895.

CHER MONSIEUR,

Reçu hier soir votre lettre contenant un mandat de Dix francs, dont merci.

Je vais me mettre à l'ouvrage. Par ces froids-ci, c'est vrai, l'esprit est plus lucide. Et puis je viens de terminer la 1re partie d'un grand machin ... et c'est pour moi une vraie joie d'essayer de ciseler de petites... choses.

A bientôt donc lettre et vers miens.

Bien cordialement vôtre.

P. VERLAINE.

39, rue Descartes.

N. B.   J'ai des manuscrits, dont un inédit (de moi bien entendu).

Le 6 novembre 1895.

CHER MONSIEUR,

Voici le sonnet dûment corrigé. Et deux autres nouveaux dont vous seriez aimable de m'envoyer les épreuves — avec, si possible, les espèces con-

venues, par le procédé du mandat, comme l'autre
fois.

La série m'amuse. Je vais la continuer. Si vous
avez observations, faites. Enfin, ça ça n'est-ce pas ?

Bien cordialement et à bientôt, j'espère.

P. VERLAINE.

39, rue Descartes.

Le 12 novembre 1895.

CHER MONSIEUR,

Voici renvoyées dûment corrigées les épreuves.
Reçu également le mandat dont merci. Je ferai
donc un peu de... méchanceté la prochaine fois qui
sera bientôt j'espère, en dépit d'un épouvantable
rhume qui se complique, je le crains, de gastralgie,
et m'abrutit littéralement.

A vous bien cordialement.

P. VERLAINE.

39, rue Descartes.

Le 22 novembre 1895.

CHER MONSIEUR,

*Je reçois votre lettre et je vous « rassure ». Voici,
en attendant mieux, un sonnet pour vous prouver
que je me suis remis à l'œuvre en dépit des rhumes
atroces que j'ai. Et demain vous aurez un autre
sonnet en attendant (iterum) d'autres.*

*Mon manuscrit, c'est un article non paru sur
Rimbaud, récent. (— Et qui ne paraîtrait pas,
naturellement, si vendu.)*

A bientôt et bien cordialement.

P. VERLAINE.

39, rue Descartes.

Paris, 28 novembre 1895.

CHER MONSIEUR,

*J'ai reçu hier soir le mandat pour les deux derniers
sonnets, Aubaine et Désappointement, qu'en effet
il est meilleur, provisoirement 5, 6. — 7, 8, etc.,
au fur et à mesure de la « production » (sic).*

*Je vais me mettre à de nouvelles choses en
14 vers, et vous enverrai au fur et à mesure également-
ment.*

Mon article (inédit) sur Rimbaud se panache de toute une histoire qui est des plus amusantes. Vous dirai cela.

Bien cordialement à vous.

P. VERLAINE.

39, rue Descartes.

Le 3 décembre 1895.

CHER MONSIEUR,

Voici les n°s 7 et 8 (Nombrons). Je suis encore dans des incertitudes si pécuniaires ! Alors si nul dérangement vôtre, envoyez mandat. La fréquence de cette formalité nécessitera, je le crains et je l'espère, un Final Sonnet à vous dédié pro Deo Car d'envoyer de l'argent, ça en coûte !! Je me souviens du temps que j'en envoyais...

En attendant que ce temps revienne, je me rappelle à votre souvenir, et à revoir donc, en dehors du mandat, hélas ! indispensable, somatiquement.

Bien à vous cordialement.

P. VERLAINE.

39, rue Descartes.

Je vous recommande le sonnet « M^r le Curé ». C'est la 4e copie que je vous envoie. — Epreuves, n'est-ce pas ?

3

Paris, le 6 décembre 1895.

CHER MONSIEUR,

J'ai reçu hier soir, trop tard pour y répondre, votre lettre contenant la somme convenue pour les deux derniers sonnets, dont bien merci.

Merci aussi des plans que je vais piocher et à bientôt.

J'espère que vous me ferez une petite visite qui sera comme une classe, comme une leçon où jamais élève ne fut plus attentif, car ça m'amuse vraiment, cette veine là, d'ailleurs reposante des parfois très fatigants efforts cérébraux dont notre bizarre métier (faire des vers !) est susceptible.

Et mes meilleures cordialités, n'est ce pas ?

P. VERLAINE.

39, rue Descartes.

Le 10 décembre 1895.

CHER MONSIEUR,

Voici toujours deux de vos « plans » réalisés et deux sonnets qui, j'espère, vous agréeront. Je vous les envoie dans l'attente d'un accusé de réception

selon la formule, hélas ! impérieuse qu'impose à
ma trop grande et pas assez dorée médiocrité une
fortune plutôt adverse.

Tout à vous bien cordialement.

P. VERLAINE.

39, rue Descartes.

Des épreuves n'est-ce pas ? On corrige mieux et
on revoit mieux sur de l'imprimé.

Paris, le 13 décembre 1893.

CHER MONSIEUR,

Le fait est que votre lettre (reçue hier soir avec le
mandat) me met dans un grand embarras. Vous me
dites un jour de rabaisser le ton, que le public aime
mieux quelque chose de plus familier. Moi, je fais
ce que vous me dites et même j'opère sur vos indi
cations écrites. Et vous m'écrivez cette fois-ci, que
je tourne au prosaïsme et m'avertissez qu'il faut
que mes poésies sint consule digna. Je le sais,
et je soigne tous mes vers avec la même sollicitude.
Le temps ne fait rien à l'affaire, mais un de ces
sonnets me coûte plus de préoccupation littéraire,
peut être, que tel poème plus long.

Quoi qu'il en soit, je vais avant de reprendre la besogne attendre votre réponse. Quant à moi j'estime qu'un peu de bride sur le cou ferait mieux peut-être.

Bien cordialement.

P. VERLAINE,

39, rue Descartes.

Je ne puis lire le dernier mot de votre post-scriptum... nᵒˢ 8 et 9. Couvertures style commercial (??). Ci-joint les épreuves corrigées.

Mercredi 18.

CHER MONSIEUR,

2 sonnets, le XIIᵉ (c'est bien ça ?) est le pendant de celui sur Mʳ le curé (c'est pourquoi: Bibliotaphe, II). Le IIᵉ est fait d'après une de vos indications.

Veuillez m'en accuser la réception... avec si possible mandat, voici le jour de l'an ! (D'ailleurs c'est toujours le jour de l'an, dans ce sens-là, pour moi, sive, besoin, gêne, etc.).

Et me croire votre bien cordial... et sans « rancune aucune », surtout !

P. VERLAINE.

39, rue Descartes.

Paris, le 21 décembre 1895.

CHER MONSIEUR,

*Reçu votre lettre et le montant dont merci. A
bientôt les 13 et 14, amusants aussi, j'espère, et
« conformes ».*

Et tout à vous cordialement.

P. VERLAINE.

39, rue Descartes.

26 décembre 1895.

CHER MONSIEUR,

*13 et 14. Le 13 sert naturellement de suite au
curé qui va se confesser.*

*La prochaine fois, après, une Bibliothèque (pu-
blique). Je suis étroitement votre programme et
quant aux derniers sonnets, je vous consulterai
pour les noms propres, amateurs célèbres, etc...*

*Veuillez, pour le jour de l'an — et le bon ordre.
m'accuser réception avec un p'tit mandat et me
croire*

Bien vôtre.

P. VERLAINE.

39, rue Descartes.

2 janvier 1896.

CHER MONSIEUR,

*Je vous écris cet accusé de réception de vingt
francs et des épreuves que je vous retourne.
Excusez l'écriture. Je vous écris au lit et dans la
fièvre avec espèce de gastrite très sévère.*
Tout à vous.

P. VERLAINE.

39, rue Descartes.

Paris, 7 janvier.

MONSIEUR,

*Monsieur Verlaine, très malade et alité, serait
bien aise de vous voir et de vous serrer la main.*

Pour M. P. Verlaine,

M. KRANTZ.

Verlaine, 39, rue Descartes.

(Le poète Paul Verlaine est décédé le 8 Janvier 1896, à
7 heures du soir).

BIBLIOPHILIE

BIBLIOPHILIE

Le vieux livre qu'on a lu, relu tant de fois !
Brisé, navré, navrant, fait hideux par l'usage,
Soudain le voici frais, pimpant, jeune visage,
Et fin toucher, délice et des yeux et des doigts.

Ce livre cru bien mort, chose d'ombre et d'effrois,
Sa résurrection « ne surprend pas le sage ».
Qui sait, ô Relieur, artiste ensemble et mage,
Combien tu fais encore mieux que tu ne dois.

4

On le reprend, ce livre en sa toute jeunesse,
Comme l'on reprendrait une ancienne maîtresse
Que quelque fée aurait revirginée au point :

On le relit comme on écouterait la Muse
D'antan, voix d'or qu'éraillait l'âge qui nous point :
Claire à nouveau, la revoici qui nous amuse.

13 octobre 1895.

Paul VERLAINE.

BIBLIOMANIE

BIBLIOMANIE

Lire n'est rien : faut avoir lu ; faut ; l'a fallu !
Pour que si vous lisez dans les livres, qu'honore
La Reliure gaie ou sombre, que décore
Encore un blason fier ou tendre au choix élu,

Pourriez, hélas ! contaminer d'un doigt poilu
D'amateur brut le vélin noble que, sonore
Abstraitement, la gloire emplit, glaive ou mandore,
D'un grand héros ou d'un poète très... relu !

C'est vrai qu'étant à la fleur de votre bel âge,
Vous auriez tort — quand l'Amour vous laisserait cois
Un instant — de ne pas lire, — tels autrefois

Nous ! — les exploits et les beaux vers, quittes, hommage
Suprême, à vénérer, dès dûment reliés,
Leur majesté, leur force et... leurs dos repliés !

Paul Verlaine.

BIBLIOTHÈQUES

BIBLIOTHÈQUES

Meuble sublime ou ridicule, ou tous les deux,
Qui, mon goût consulté, serait plutôt modeste
Et de proportions, et de luxe, et du reste,
Salut, Bibliothèque, antre auguste et hideux !

Mais les livres, ici, n'en point parler vaut mieux ;
Le logis, le local, indigent ou céleste,
Seul, nous veut occuper d'un œil profond ou leste.
Et déjà l'examen me convainc d'être vieux :

Car je hais la dorure et la fioriture
Sur l'acajou trop dense ou tels autres bois lourds :
Tout au plus des pattes en cuivre et des chefs d'ours ;

Ou bien du bois de rose aux coins, où se torture
Le rococo de Boulle et celui de Boucher...
Ou des planches au long d'un mur, où tout nicher !

Paul VERLAINE.

L'ARRIVÉE DU CATALOGUE

L'ARRIVÉE DU CATALOGUE

L'Amateur reçoit son courrier ! fiévreusement,
Même avant de toucher aux plis qu'il sait intimes,
Il court aux Catalogues et, rapidement,
Non encore rabidement, sans trop de crimes

Projetés ou conçus pour l'amour de sublimes
Emplettes, et voici qu'il tombe, justement !
Sur celui du libraire aux malices ultimes
Qui ne vend pas trop cher pour vendre sûrement,

Et d'une main fiévreuse, mais honnête, dame,
On est honnête ! et comme il a vu tel bouquin,
Qu'il convoite depuis... tant d'ans ! un vrai béguin !

Il envoie au Négociant un télégramme ;
« Gardez Le moi. » — « C'est fait », répond avant la nuit
Un petit bleu.
      Le bon Client s'évanouit.

Paul VERLAINE.

ÉDITION ORIGINALE CONTEMPORAINE

Un Maupassant complet ! Première édition !
Seul un livre fait faute à la collection :
Cas déplorable, d'autant plus qu'on n'est pas riche.
Et vendez donc pour que tel se fâche ou se fiche !

Or la maison Tellier dont il est question,
Quel « topo » rabâché jusqu'à profusion !
Encore, il faut l'avoir. Autrement, triste affiche,
Et triste boniment, à moins que l'on ne triche.

Mais voici qu'on l'annonce en un lieu sérieux :
Couverture ! broché ! conservé dans les mieux !
Non coupé ! Prix : 100 francs.

                    Tout de même on se livre.
On aligne le prix. C'est dur et curieux,
« Car aurons-nous du tout le prix de ce seul livre ? »

Paul VERLAINE.

DÉSAPPOINTEMENT

DÉSAPPOINTEMENT

Le bon, ou plutôt le mauvais bibliomane
Est rentré d'une humeur massacrante aujourd'hui :
Pourtant dans la suspension la lampe a lui,
Autour de l'abat-jour dont son reflet émane.

Sur un diner servi comme il n'est que chez lui,
Mais sur des tons d'Abner et des airs d'Orosmane,
Il proclame qu'il n'a besoin que de tisane
Et mange comme quatre, en train contre l'ennui !

Serait-ce qu'il serait le jouet d'une chance
Adverse : qu'à la Bourse aux bouquins il perdît :
Faute de rente ou d'achat bien vus, son crédit ?

Non, il est furieux, plein de vœux de vengeance,
Parce que, dans tel livre, il n'a su retrouver
Les titres au porteur dont, hier, il pût prouver.

Paul VERLAINE.

PAUCA MIHI

PAUCA MIHI

Bon pied, bon œil, or je ne les ai plus,
Puisque je rampe en vertu d'une arthrite,
Et que je vois si peu, grâce à l'invite
De verres à me trahir résolus ;

Mon estomac, jadis divin et plus,
Plonge, — depuis quand donc ? — dans la pituite
Pour n'en jamais, même sans nulle cuite,
S'en tirer que par ô quels trucs fallus !

Le Dé-cou-ra-ge-ment, enfin ! commence
A m'envahir très sérieusement :
Ce serait fait pour s'ennuyer vraiment.

Si je n'avais eu cette chance immense,
En ce malheur triplement réussi,
De devenir biblio-chose aussi !

Paul VERLAINE.

LES QUAIS

LES QUAIS

Quais de Paris ! Beaux souvenirs ! J'étais agile,
J'étais, sinon bien riche, à mon aise, en ces temps...
J'étais jeune et j'avais des goûts très militants.
Tel, un bon iconographobibliophile.

Loin de moi l'orgueil sot de me prétendre habile,
Même alors ! Mais c'étaient de précieux instants,
Perdus ou non dans des déboires persistants
Pour les prix... et le reste ! Et pas la moindre bile !

La Seine s'allongeait — Elle s'allonge encor —
Comme un serpent jaspé de vert, de noir et d'or...
Le vent frémit toujours... L'aimable paysage !...

Mais bouquiner, n'y plus songer ! De vils pisteurs
Pour les libraires ont exercé leur ravage,
Et les boîtes ont fait la nique aux amateurs.

Paul VERLAINE.

BIBLIOPHOBES

BIBLIOPHOBES

I

La Femme, en qui l'on doit mettre tout son amour,
Tout son espoir et toute — au fond — sa confiance,
Néanmoins contriste le cœur, ombre et nuance,
Du bon bibliophile, encor que bien né pour

La paix et le repos promis au jour le jour
A qui du Livre fait un peu sa vie, et lance
Dans ce gouffre ingénu de calme et de silence
Son ancienne fièvre et les faits d'alentour.

La Femme, ange et démon, suivant le vieux distique,
Est naturellement soumise... et despotique,
Et naturellement plaintive et... dure aussi !

Allons donc, allez donc quand, au cœur d'un chapitre
Écrit Dieu sait combien ! imprimé sous quel titre !
Interrompu, ne pas lui dire, enfin :... Merci !

Paul VERLAINE.

BIBLIOPHOBES

BIBLIOPHOBES

II

Voilà que tout le long, le long de ce sinet
Que l'on a disposé pour des fins sérieuses,
Et peut-être, l'on n'est plus jeune… curieuses !
Un insecte, d'ailleurs joli, s'insinuait.

Dans cette œuvre d'un art qui, pour être muet,
Ne s'en montre pas moins éloquent, voix joyeuses
A l'œil, concert des reliures somptueuses
Dans le Livre en un mot — délicat et fluet,

En argent, qui serait du vif-argent, si mince
Et vif ! Un poisson tout petit, beau comme un prince,
Et d'un trait svelte et pur qu'on ne saurait nier.

En royal manteau blanc tout luisant, onde et flamme :
C'est la Mite. Il faudrait vite écraser l'Infâme.
Mais il est si gentil qu'on devrait l'épargner.

Paul VERLAINE.

BIBLIOTAPHE

BIBLIOTAPHE

I

Monsieur le curé dit sa messe congrûment....
Quand il stoppe soudain : c'est un bibliotaphe !
« Je serais éloquent si j'étais polygraphe[1] »
Tant il y a d'erreurs dans son agissement :

Heurts sans but du ciboire, échange des burettes
A tort et à travers, et tant d'et cœteras !
C'est, vous dis-je, un bibliotaphe dont les bras
Sont tombés à l'aspect d'enluminures blettes

1. Parodie d'un vers d'Arsène Houssaye en parlant d'une femme :

« Je serais éloquent si j'étais géographe ! »   P. V.

Un peu, mais si du temps ! dans ce missel, pourtant
Connu de lui, vieux serviteur concomitant
Jusque-là cru banal, et voilà qu'il révèle

Des mérites dont la Fabrique a peu cure, elle !...
Et talonné par le scrupule et le péché,
L'abbé va droit se confesser à l'Evêché.

Paul VERLAINE.

BIBLIOTAPHE

BIBLIOTAPHE

II

(Suite à « M. le Curé dit sa messe ».)

L'Evêque, poivre et sel, a souri dès l'abord :
« Et quoi, mon cher ami, vous convoitez ce livre,
« Achetez-le. Je ne crois pas qu'en sous de cuivre
« Non plus que d'or le prix en soit d'un poids bien fort. »

Et l'abbé : « Mais c'est que Monseigneur aurait tort
« De croire, d'un côté, ce livre, qu'il se livre
« Pour un morceau de pain, qu'il se vende à la livre.
« Mon plus borné fabricien est plus retord

« Que cela de donner un missel rarissime,
« Précieux, ancien, joli ! pour un patard,
« Et de l'autre que ma bourse ne soit minime

« A l'excès. » Et rêveur descendu d'une cime,
Familier et grattant un peu ses cheveux gris,
L'Evêque, bas : Allez, je payerai le prix.

Paul VERLAINE.

BIBLIOTAPHE

BIBLIOTAPHE

III

Épisode de 1870 71.

Le Colonel et sa traduction d'Horace,
Son exemplaire avec quel souci relié,
— Coins fins, ors mis au point, — d'un art presque oublié.
Sont tombés de cheval dans le combat tenace.

Un hussard de la Mort à terre s'est rué,
Lettré qui sur l'Horace a mis sa main rapace.
Le Colonel, alors, sur ses reins se ramasse
Et d'un coup de son revolver l'a, tôt, tué.

Mais lui-même il se sent mourir de sa blessure
Et, ne voulant mourir sans que rien le rassure
Contre le retour d'un tel voleur que ci-dessus,

Il détruit des cinq coups qui lui restent le Livre
Qui brûle et se consume à ses côtés. — En sus,
La bataille en ce lieu même arrive et se livre.

Paul VERLAINE.

TABLE DES MATIÈRES

TABLE DES MATIÈRES

www.ingramcontent.com/pod-product-compliance
Ingram Content Group UK Ltd.
Pitfield, Milton Keynes, MK11 3LW, UK
UKHW031829170726
13836UKWH00004B/1572